조각조각 스티커

스티커컬러링

꽃 FLOWERS

애플비
applebeebooks

차례

가만히 보는 것만으로도 우리 마음속을 가득 채워 주는
아름다운 꽃들을 스티커로 차근차근 완성해 보세요!

나리 ... 4쪽

연꽃 ... 6쪽

벚꽃 ... 8쪽

나팔꽃 ... 10쪽

해바라기 ... 12쪽

능소화 ... 14쪽

이렇게 붙여요.

▶ 스티커는 33쪽

1. 마음에 드는 그림을 고르고, 해당하는 스티커 페이지를 점선을 따라 뜯어요.

2. 그림의 숫자를 잘 보고 스티커 페이지에서 똑같은 숫자를 찾아 그림에 붙여요.

65조각
수국　　　16쪽

70조각
카네이션　　　18쪽

70조각
튤립　　　20쪽

70조각
백일홍　　　22쪽

75조각
장미　　　24쪽

80조각
모란　　　26쪽

나리

백합속의 여러해살이풀을 통틀어 부르는 말로, 백합의 다른 이름이기도 하다. 우리나라에서는 11종의 나리가 자란다. 대부분의 나리는 6~8월 더운 여름, 줄기 끝에서 잎이나 아, 또는 아래를 향해 3원칭게 피어난다. 꽃이파리는 방향에 따라 아느라나리, 중나리, 땅나리로 구분된다.

백합강 〉 백합목 〉
백합과 〉 백합속

꽃말 진실, 깨끗한 마음

FLOWERS

목련강 > 수련목 >
연과 > 연속

꽃말
순결, 청순한 마음,
군자

연꽃

꽃은 7~8월, 물 위로 솟은 꽃대 끝에 한 개씩 달린다.
붉은색, 분홍색, 흰색 등 다양하며 낮에 더 활짝 핀다.
우리나라에서는 연못, 저수지 등에서 재배되며 그 뿌리인
연근은 식용으로 쓰인다. 진흙에서 맑고 깨끗하며 기품 있는 꽃을
피우기 때문에 불교의 중요한 상징이기도 하다.

FLOWERS

목련강 〉 장미목 〉
장미과 〉 벚나무속

꽃말
정신적 사랑,
삶의 아름다움

벚꽃

우리나라에는 벚나무, 왕벚나무, 산벚나무 등이 있으며
4~5월에 흰색 또는 분홍색의 꽃이 아름답게 핀다.
6~7월이 되면 둥근 열매가 열려 붉은색에서 검은색으로
익어 가는데, 이것이 버찌 즉 영어로는 체리이다.
벚나무의 목재는 조직이 치밀하고 탄력이 있어
예로부터 활이나 가구를 만들고 건물을 짓는 데에 사용되었다.

FLOWERS

목련강 〉 가지목 〉
메꽃과 〉 고구마속

꽃말
덧없는 사랑, 결속

나팔꽃

다른 물체를 왼쪽으로 감으며 올라가는 덩굴 식물로
줄기는 3미터 정도까지 자란다. 꽃은 7~8월에
푸른빛을 띤 자주색, 흰색, 붉은색 등 여러 가지 색으로 핀다.
붓털처럼 생긴 꽃봉오리가 오른쪽으로 말려 있다가
해가 지면 피기 시작해서 점심때가 지나면 조금씩 오므라든다.

FLOWERS

목련강 〉 국화목 〉
국화과 〉 해바라기속

꽃말
숭배, 기다림

해바라기

해바라기는 생명력이 강하여 아무 데서나 잘 자라고
양지바른 곳에서는 특히 잘 자란다. 8~9월에 꽃이 피고, 10월
즈음에는 씨앗이 가득 들어차 익는다. 씨는 기름을 짜거나 볶아서 먹는다.
중앙아메리카가 원산지인데, 콜럼버스가 아메리카 대륙을
발견한 다음 유럽에 알려져 '태양의 꽃',
또는 '황금의 꽃'으로 불리었다.

FLOWERS

능소화

목련강 〉 현삼목 〉
능소화과 〉 능소화속

꽃말: 여성, 명예

키가 큰 나무나 벽을 감고 올라가는 덩굴나무이며, 7~8월에 피는 꽃은 노란빛이 도는 붉은색이다.

능소화라는 이름은 한자로 업신여길 능(凌), 하늘 소(霄자를 써서 '하늘을 업신여기는 꽃'이라는 의미를 가지고 있다. 옛날에는 양반들이 무척 좋아하고 평민들은 함부로 심지 못하게 했다는 이야기가 전해져서 '양반꽃'이라고도 부른다.

FLOWERS

목련강 〉 장미목 〉
수국과 〉 수국속

꽃말
진심, 변덕

수국

6~7월에 작은 꽃들이 옹기종기 모여 동그란
공 모양을 이루며 피어난다. 꽃잎처럼 보이는 커다랗고
화려한 잎은 사실 꽃받침으로, 꽃받침의 가운데에 있는
아주 작은 꽃잎들을 대신해서 곤충들을 유인한다.
토양의 산성화 정도, 피는 시기에 따라 흰색, 청색, 붉은색,
남색, 보라색, 분홍색 등 다양한 색의 꽃이 핀다.

FLOWERS

목련강 〉 석죽목 〉
석죽과 〉 패랭이꽃속

꽃말
사랑, 모정

카네이션

꽃은 원래 7~8월에 피지만 온실에서 재배하면 개화기를
조절할 수 있다. 색깔은 품종에 따라 분홍, 빨강, 하양, 노랑 등
여러 가지이다. 어버이날과 스승의 날에 부모님과 스승의 가슴에
붉은 카네이션을 달아 드리며 감사한 마음을 전한다.
더위에 약하지만 햇빛을 좋아해 햇볕이 드는 창가에서
세심하게 관리해 주어야 한다.

FLOWERS

백합강 > 백합목 >
백합과 > 산자고속

꽃말
사랑의 고백,
영원한 애정

튤립

튤립 하면 네덜란드가 떠오르지만 사실
원산지는 튀르키예이다. 17세기 유럽으로 건너가 큰 인기를
얻었으며 특히 네덜란드에서는 희귀한 품종은 한 뿌리가
집 한 채의 값과 비슷할 정도로 가격이 치솟기도 하였다.
4~5월에 다양한 색깔의 꽃이 피는데 세계 곳곳에서
수만 송이 튤립이 한꺼번에 피어 장관을 이루는 축제가 열린다.

FLOWERS

목련강 〉 국화목 〉
국화과 〉 백일홍속

꽃말
행복, 인연

백일홍

꽃은 6~10월에 피는데 100일 동안 붉게 핀다고 하여 백일홍 또는 백일초라고도 불린다. 멕시코가 원산지인데 우리나라에는 일찍이 유입되어 1800년 이전부터 관상용으로 재배되었다는 기록이 있다. 원래는 들판의 흔한 잡초였던 것을 개량하여 지금에 이르렀다고 한다.

장미

목련강 〉 장미목 〉
장미과 〉 장미속

꽃말 아름다움, 기쁨

아름다운 형태와 향기로 인해 전 세계적으로 가장 인기 있는 꽃이라고 해도 지나치지 않다. 야생종을 개량하여 다양한 색과 형태를 만들었는데, 지금까지 개발된 것만 2만 5천 종에 이르고, 그중 6천~7천 종이 연초하며, 매년 200여 종 이상이 새로 개발된다.

FLOWERS

목련강 〉 딜레니아목 〉
작약과 〉 작약속

꽃말
**부귀, 영화,
행복한 결혼**

모란

꽃이 크고 화려하며 위엄과 품위를 갖추고
있다 하여 꽃 중의 왕, 즉 '화중왕'이라고도 불린다.
꽃이 큰 만큼 꿀이 많아 벌들이 좋아한다.
뿌리껍질에는 해열, 진통, 소염 등의 효능이 있어
약재로도 널리 이용된다.

더 쉽고 멋지게 즐기는 Tip!

1 숫자 순서대로 스티커를 한 장씩 떼어 차례대로 붙이면 마음도 더욱 차분해지고 그림도 쉽게 완성할 수 있어요.

2 스티커 핀셋을 이용해 스티커를 떼어 내고, 그림에 붙이면 더 쉬워요.

유독 마음이 가는 나만의 꽃을 만나 보세요!

나리

본문 그림 5쪽

연꽃

본문 그림 7쪽

해바라기

본문 그림 13쪽

백일홍

본문 그림 23 쪽

47